Publicado por Robert

Corbin

DIETA MEDITERRÁNEA

Dieta Mediterránea: Deliciosas Recetas Con Una Guía Fácil Para Perder Peso

Publicado por Robert Corbin

@ Rolán Leal

Dieta Mediterránea: Deliciosas Recetas Con Una Guía Fácil Para Perder Peso

Todos los derechos reservados

ISBN 978-87-94477-87-1

TABLE OF CONTENTS

Huevos A La Mediterránea 1

Spanakopita Sin Pasta 4

Macedonia De Verano 6

Huevos Revueltos Con Queso Feta 8

Almuerzo Ala Sub Shop 10

Peces Mediterráneos 12

Kale Mediterránea 15

Filetes De Pescado 17

Ensalada De Pasta Mediterránea 19

Ravioli De Ricotta Y Espinacas Con Mantequilla Y Salvia 21

Tagliatelle Alla Boscaiola 24

Estofado De Ternera, Alcachofas Y Setas 26

Estofado De Ternera Y Tapioca 29

Queso De Cabra Y Cebolleta Frittata 32

Yogur Crujiente Y Cremoso 35

Bagel Con Mantequilla De Maní Y Chocolate De Leche . 36

Dip De Yogur 37

Buñuelos De Calabacín 39

58. Hummus Fácil 40

Batido De Pera Y Mango 42

Batido De Frutas Del Bosque Para El Desayuno 43

Tortilla Mediterránea 44

Camarones Griegos Con Tomate Y Queso En Rebanadas
 47

Estofado De Cordero Marroquí 50

Salmón Mediterráneo Ennegrecido Con Salsa 53

Ensalada De Remolacha Con Camarones 56

Sándwich Italiano Con Vegetales 59

Pasta De Tomate Y Queso Ricotta Entero 62

Pizza De Carne 65

Albóndigas De Ternera Y Bulgur 69

Sabrosa Carne Y Brócoli 71

Salmón A La Plancha Con Verduras 73

Gambas A La Catalana 75

Brema Al Horno Con Patatas Y Tomates 76

Ensalada Mediterránea Crocante 79

Ensalada De Pollo Mediterránea 81

Ensalada De Garbanzos 83

Dip De Ricota Con Pita Y Pasas 84

Panqueques Con Ricota Cremosa 85

Pan De Trigo Tostado Y Huevos Revueltos Occidentales 87

Albaricoques Salteados 89

Chips De Col Rizada Con Especias 91

Carne Y Cebolla Crock Pot 93

Parfait De Avena Y Fruta 95

Tortilla De Espinacas 97

Lucha En El Jardín 99

Pavo Asado Con Ajo Y Hierbas 101

Pollo Marroquí 107

Salmón Especiado Con Quinua Vegetal 111

Kofta De Carne De Cordero Con Garbanzos Y Naan 115

Pollo Mediterráneo Con Quinua Preparado En Una Olla De Cocción Lenta 121

Pasta De Tomate Y Cerdo 124

Cerdo Al Ajo 127

Chuletas De Cerdo Con Mantequilla 129

Ensalada De Mariscos 131

Calamares Rellenos Al Horno 133

Sardinas A La Plancha Con Verduras 134

Ensalada De Atún 137

Hamburguesas Vegetarianas 139

Sándwich Tostado De Vegetales 141

Cerezas Y Cereales 143

Batido O Jugo De Jamba 144

Arándano Y La Mezcla De Queso Ricota 145

Crock Pot De Ternera Y Verduras De Raíz 147

Ternera Mediterránea A Fuego Lento 149

Cordero A Fuego Lento Con Salsa De Vino Tinto 150

Huevos A La Mediterránea

Ingredientes:

- 15 ml de miel

- Sal

- Pimienta negra recién molida

- 1/3 taza de queso feta desmenuzado

- 4 huevos

- 5 ml de especias zaatar

- Pita a la parrilla durante el servicio

- 5 cucharadas de aceite de oliva divididas

- 2 cebollas españolas medianas cortadas en trozos

- 2 pimientos rojos cortados en trozos

- 2 dientes de ajo picados

- 5 ml de semillas de alcaravea

- 4 tomates grandes maduros cortados en trozos

Direcciones:

1. Poner 45 ml de aceite de oliva en una sartén y calentar a fuego medio. Junto con el aceite, sofríe las semillas de comino, la cebolla, el ajo y la guindilla durante unos minutos.
2. A continuación, añadir los tomates picados, sal y pimienta al gusto y cocer durante unos 10 minutos hasta que se unan y formen una salsa ligera.
3. De este modo, la mitad de la Direcciones: ya está hecha. Ahora sólo queda romper los huevos directamente en la salsa y escalfarlos.
4. Sin embargo, hay que tener en cuenta cocer bien las claras, pero mantener las yemas aún fluidas. Esto lleva unos 810 minutos.

5. Al servir, añadir un poco de feta y aceite de oliva, acompañado de la especia zaatar, para realzar aún más los sabores. Al final, servir acompañado de un pan de pita a la plancha.

Spanakopita Sin Pasta

Ingredientes:

- 4 huevos ligeramente batidos
- 7 tazas enteras de lechuga, preferiblemente una mezcla de primavera (mesclun)
- 4 gramos de queso feta desmenuzado
- 1/8 cucharadita de sal marina, a añadir al gusto
- 1/8 cucharadita de pimienta negra, al gusto
- 1/3 taza de aceite de oliva virgen extra
- 1 cebolla amarilla mediana picada fina

Direcciones:

1. Calentar el horno a 180°C y engrasar uniformemente la bandeja de horno.

2. Cuando esté hecho, vierte el aceite de oliva virgen extra en una cacerola grande y caliéntalo a fuego medio acompañado de las cebollas hasta que estén translúcidas.
3. Añadir las verduras y seguir removiendo hasta que todos los Ingredientes:estén blandos. Sazonar con sal y pimienta, luego transferir las verduras a la fuente preparada y espolvorear con queso feta.
4. Verter los huevos y hornear durante 20 minutos hasta que estén cocidos y ligeramente dorados.

Macedonia De Verano

Ingredientes:

- Ralladura y zumo de 1 lima grande
- 16 onzas de cubitos de melón cantalupo
- 4 onzas de copos de coco tostado sin azúcar
- 1/4 de taza de miel
- 1/4 cucharadita de sal
- 16 onzas de cubitos de melón
- 16 onzas de uvas rojas sin pepitas
- 8 onzas de fresas frescas cortadas en rodajas
- 8 onzas de arándanos frescos
- 4 onzas de aceite de oliva virgen extra

Direcciones:

1. En un bol o plato grande, combinar todas las frutas, la ralladura de lima y los copos de coco y mezclar bien para integrar todo. Reservar.
2. En una batidora, combinar el zumo de lima, la miel y la sal y batir a velocidad baja. Una vez incorporada la miel, añade poco a poco el aceite de oliva y bate hasta que se opaque.
3. Verter el aliño sobre la fruta y mezclar bien. Envolver y enfriar antes de servir.

Huevos Revueltos Con Queso Feta

Ingredientes:

- 2 cucharadas de leche, descremada
- 2 cucharadas de queso feta, grasa reducida
- Aerosol antiadherente
- 1 huevo MÁS 2 claras de huevo, o un cuarto de taza de sustituto de huevo
- Pimienta, al gusto

Para servir:

- Bagel de 2 onzas, trigo integral
- 1 cucharada de margarina ligera, libre de grasas trans
- 1 taza de hojas de espinaca
- Splash de vinagre balsámico

Direcciones:

1. Batir los huevos con la leche y pimienta negra.
2. Engrasar una sartén con el spray antiadherente.
3. Vierta la mezcla de huevo. Esparcir el queso por encima de la mezcla de huevo y cocinar al gusto.
4. Sirva con bagel untado con margarina y espinacas rociadas con vinagre balsámico.

Almuerzo Ala Sub Shop

Ingredientes:

- 1 cucharada de mayonesa ligera y mostaza picante
- Verduras, como cebolla, lechuga, pepino, tomate y pimiento verde
- Patatas al horno (de barbacoa o al horno Lay)
- Sub de 6 pulgadas en pan de trigo o trigo de miel
- Carne asada, jamón, pavo o pechuga de pollo
- Refresco de dieta

Direcciones:

1. Compre su comida de la estación de metro. Elegir los Ingredientes:indicados

anteriormente, dejando el queso fuera.

¡Disfrute!

Peces Mediterráneos

Ingredientes:

- Aceitunas Kalamata: 5 onzas

- Alcaparras: ¼ taza

- Aceite de oliva: ¼ taza

- Limón: 1

- Sal: como deseado

- Filetes de pescado: 4

- Condimento griego: 1 cucharadita

- Tomate: 1

- Cebolla: 1

- Pimienta: tan deseado

Direcciones:

1. Encienda el horno para precalentarlo a 175 grados C.
2. Tome una hoja de alimimuion y suavemente coloque el filete de pescado en ella.
3. Aderezo Griego de uso a ambos lados del filete de la temporada.
4. Picar tomate finamente y agregarlos en un tazón.
5. Agregar cebolla finamente picada en el recipiente.
6. Añadir aceitunas y alcaparras al recipiente.
7. Sazone con sal, así como pimienta, según el sabor requerido.
8. Vierta aceite uniformemente en el recipiente.
9. Exprima un limón pequeño y mezcla bien hasta que todas las verduras están cubiertas con el condimento.
10. Cuchara suavemente la mezcla del tomate sobre filete.

11. Usar papel de aluminio crea un pocked sellando sus bordes.
12. Cueza al horno en el horno ya caliente durante al menos 3040 minutos.

Kale Mediterránea

Ingredientes:

- Aceite de oliva: 1 ½ cucharada

- Ajo: 3 dientes

- Salsa de soja: 1 cucharadita

- Sal: según gusto

- Kale: 12 tazas

- Limón: 1 grande

- Pimienta: a gusto

Direcciones:
1. Tome una cacerola y colóquela a fuego medio.
2. Tome un vapor e introdúzcalo en la cacerola.
3. Vierta agua a la salsa hasta que cubre la base de vapor.
4. Deje que el agua a hervir.

5. Añadir kale en la cacerola y cubrirla.
6. Deje que el kale de vapor durante 10 minutos o hasta que estén tiernos.
7. Tome un tazón grande y exprimir un limón grande en él.
8. Agregue aceite de oliva al limón.
9. Picar ajo finamente y agregarlo en el aceite.
10. Vierta la salsa de soja a la mezcla.
11. El apósito con sal y pimienta según el gusto de la temporada.

Filetes De Pescado

Ingredientes:

- ½ taza de pan rallado
- 2 cucharaditas de cebolla en polvo
- 4 filetes de tilapia
- 1 cucharada de aceite de oliva
- ½ taza de harina
- 1 huevo batido
- ½ taza de salvado de avena
- Sal y pimienta a gusto

Direcciones:

1. Colocar la harina en un plato. Coloque los huevos batidos en otro recipiente. En un tercer recipiente colocar el salvado de arena,

el pan rallado, la cebolla en polvo y un poco de sal y pimienta

2. Colocar una sartén a fuego moderado con el aceite de oliva. Condimente los filetes con sal y pimienta y páselos por la harina, luego los huevos batidos y finalmente el pan rallado y sofreír de ambos lados.
3. Se puede servir con ensalada o quínoa.

Ensalada De Pasta Mediterránea

Ingredientes:

- 1 diente de ajo picado
- Sal y pimienta a gusto
- 1 taza de tomates cherry
- 1 taza de ají amarillo cortado en trocitos
- 1 taza de zanahoria rallada
- ½ taza de aceitunas
- 2 tazas de pasta (rigatoni)
- 1/5 taza de mayonesa
- 2 cucharadas de aceite de oliva
- 1 cucharada de jugo de limón

Direcciones:

1. Cocine la pasta una vez lista cuele la pasta y deje enfriar.
2. Mezcle la mayonesa, el aceite de oliva , el jugo de limón, el ajo, el pimiento amarillo y luego agregue la pasta. Agregue los tomates , la zanahoria , y las aceitunas.
3. Mezcle y sirva

Ravioli De Ricotta Y Espinacas Con Mantequilla Y Salvia

Ingredientes:

Para la masa:

- 300 g de harina tipo 00

- 3 huevos

Para el relleno:

- Nuez moscada al gusto

- Sal y pimienta para probar.

- Ingredientes:para el aderezo:

- 100 g de mantequilla

- 250 g de ricotta fresca

- 200 g de espinacas frescas

- 50 g de parmesano rallado

- Hojas de salvia fresca al gusto

- Parmesano rallado al gusto.

Direcciones:

1. Empecemos por la masa: mezclar la harina con los huevos hasta que la mezcla quede suave y homogénea.
2. Envolver en film transparente y dejar reposar en el frigorífico durante al menos 30 minutos.
3. Para el relleno: lavar las espinacas y escaldarlas durante unos minutos en agua hirviendo con sal. Escucharlos y exprimirlos bien, luego córtalos finamente.
4. En un tazón, mezcle la ricota, las espinacas picadas, el queso parmesano rallado, la nuez moscada, la sal y la pimienta.
5. Estirar la masa con un rodillo o una máquina para hacer pasta y cortar círculos de unos 810 cm de diámetro.

6. Coloque una cucharada de relleno en el centro de cada círculo, luego cierre los ravioles y selle bien los bordes.
7. Cuece los raviolis en abundante agua con sal hasta que floten a la superficie, luego escrúpulos y colócalos en un plato hondo.
8. Mientras tanto, en una sartén, derrita la mantequilla con las hojas de salvia fresca.
9. Vierta la mantequilla derretida sobre los ravioles, espolvoree con queso parmesano rallado y sirva de inmediato.

Tagliatelle Alla Boscaiola

Ingredientes:

- 2 dientes de ajo
- 200 ml de nata fresca
- 100 ml de vino blanco seco
- 50 g de parmesano rallado
- Aceite de oliva virgen extra al gusto
- Sal y pimienta para probar
- 400 g de tallarines frescos
- 200 g de boletus frescos o
- Champiñones champiñones
- 150 g de tocino en dados, 1 cebolla
- Perejil fresco al gusto

Direcciones:

1. Limpiar y trocear los hongos porcini o los champiñones frescos. En una sartén grande, dorar la panceta troceada con un chorrito de aceite de oliva virgen extra, la cebolla picada y el ajo machacado.
2. Agregue los champiñones y cocine durante 1012 minutos hasta que estén suaves.
3. Desglasar con vino blanco seco y dejar evaporar. Agregue la crema fresca y cocine por otros 56 minutos hasta que la salsa espese.
4. Condimentar con sal y pimienta. Cuece los tagliatelle en abundante agua con sal, escurrimientos al dente y resuélvelos en la sartén con la salsa de champiñones.
5. Servir caliente, espolvorear con parmesano rallado y decorar con perejil fresco picado.

Estofado De Ternera, Alcachofas Y Setas

Ingredientes:

Para el adobo de la carne:

- 2 cucharadas de aceite de oliva.

- 1 cucharadita de pimienta de cayena.

- Una pizca de sal y pimienta negra molida.

- 1½ libras de carne de vacuno para guisar, cortada en trozos grandes.

- 1 cebolla picada.

- 1 diente de ajo, machacado.

- 2 cucharadas de tomillo fresco, lupulado.

- ½ taza de vino tinto seco.

- 2 cucharadas de puré de tomate.

Para el estofado:

- ½ taza de vino tinto seco.
- Tarro de 12 onzas de corazones de alcachofa, escurridos y cortados en trozos pequeños.
- 4 onzas de champiñones, cortados en rodajas.
- 2 cucharadas de aceite de oliva
- 2 cucharadas de harina común.
- ½ taza de agua.
- Sal y pimienta negra molida, según sea necesario.

Direcciones:
1. Para la marinada: en un bol grande, añada todos los Ingredientes:excepto la carne de vacuno y mezcle bien.
2. Añada la carne y cúbrala con la marinada generosamente.
3. Refrigerar para marinar durante la noche.

4. Retirar la carne del bol, reservando la marinada.
5. En una sartén grande, calentar el aceite y dorar la carne en 2 tandas durante unos 5 minutos o hasta que se dore.
6. Con una espumadera, transfiera la carne a un bol.
7. En la misma sartén, añadir la marinada reservada, la harina, el agua y el vino y remover para combinar.
8. Incorporar la carne cocida y llevar a ebullición.
9. Reduzca el fuego a bajo y cueza a fuego lento, tapado, durante unas 2 horas, removiendo de vez en cuando.
10. Incorpore los corazones de alcachofa y los champiñones y deje cocer a fuego lento durante unos 30 minutos.
11. Añadir la sal y la pimienta negra y llevar a ebullición a fuego fuerte.
12. Retirar del fuego y servir caliente.

Estofado De Ternera Y Tapioca

Ingredientes:

- Pimienta negra molida, según sea necesario.

- ¼ de taza de vinagre de vino tinto.

- 2 tazas de caldo de carne.

- 3 tazas de batata pelada y cortada en cubos.

- 2 cebollas medianas cortadas en trozos finos.

- 1 cucharada de aceite de oliva.

- 2 libras de asado de ternera deshuesado, cortado en cubos de ¾ de pulgada.

- 1 lata (14½ onzas) de tomates cortados en cubos con jugo.

- ¼ de taza de tapioca de cocción rápida.

- 1 cucharada de miel.

- 2 cucharaditas de canela molida.

- ¼ cucharadita de ajo en polvo.

- 2 tazas de ciruelas pasas, sin hueso.

Direcciones:

1. En un horno holandés, calentar 1 cucharada de aceite a fuego medioalto y dorar los cubos de carneen 2 tandas durante unos 45 minutos o hasta que se doren.
2. Escurrir la grasa de la sartén.
3. Incorporar los tomates, la tapioca, la miel, la canela, el ajo en polvo, la pimienta negra, el vinagre y el caldo y llevar a ebullición.
4. Reduzca el fuego a bajo y cueza a fuego lento, tapado, durante aproximadamente 1 hora, removiendo de vez en cuando.
5. Añada la cebolla y el boniato y cueza a fuego lento, tapado, durante unos 2030 minutos.
6. Incorporar las ciruelas pasas y cocer durante unos 35 minutos.

7. Servir caliente.

Queso De Cabra Y Cebolleta Frittata

Ingredientes:

- 1/4 cucharadita de sal

- Pizca de pimienta negra molida

- 1/2 tomate mediano

- 1 cucharada de cebollino fresco, picado

- 1 cucharadita de aceite de oliva

- 1/4 paquete de queso de cabra

- 2 huevos enteros

- 4 claras de huevo

- 1/4 taza de leche

- 1 taza de leche descremada, para servir

Direcciones:

1. Precalentar el horno a 375F.
2. En un tazón mediano, usando un batidor de alambre o tenedor, mezcle la leche, huevos enteros, claras de huevo, pimienta y sal. Añada la cebolleta y el tomate.
3. En una sartén de 10 pulgadas, calentar el aceite de oliva. Vierta la mezcla de huevo en la sartén.
4. Por cucharadas, colocar el queso de cabra encima de la mezcla de huevo.
5. Cocine durante aproximadamente 34 minutos o hasta que los bordes de la frittata comiencen a endurecerse.
6. Transfiera la sartén al horno precalentado y hornee durante aproximadamente 910 minutos o hasta que la frittata comience a endurecerse y el cuchillo salga limpio cuando se inserte en el centro.

7. Servir la mitad de la frittata. Guardar y refrigerar en la nevera la otra mitad para la cena de Día 4.
8. Disfrute de su desayuno con 1 taza de leche descremada.

Yogur Crujiente Y Cremoso

Ingredientes:

- 1 taza de cereal alto en fibra, como Kashi Good Friends (o use cualquier cereal; asegúrese de limitar 100 calorías, como una Media taza de Raisin Bran o 1 taza de Cheerios).

- 3 cucharadas de nuez picada

- 6 onzas de yogurt ligero, cualquier sabor

Direcciones:
1. Poner el yogur en el recipiente deseado. Coloque por encima su cereal preferido y las nueces. ¡Disfrute!

Bagel Con Mantequilla De Maní Y Chocolate De Leche

Ingredientes:

- 1 taza de leche, mezclada sin grasa
- 2 cucharaditas de sirope de chocolate
- 1 cucharada de mantequilla de maní
- Bagel de 1 onza de trigo integral (la mitad de un bagel de 170 calorías)
- 1 taza de uvas verdes o rojas

Direcciones:

1. Untar la mantequilla en la mitad del bagel.
2. Agregue el almíbar en el vaso de leche hasta que se mezcle bien.
3. Servir el bagel con la leche con chocolate y uvas.

Dip De Yogur

Ingredientes:

- 10 g de eneldo fresco picado
- 10 g de tomillo fresco picado
- 5 g Perejil fresco picado
- 2,5 g Ajo picado
- ½ limón, exprimido y pelado
- 125 ml de yogur griego natural
- 15 g de cebollino fresco picado fino
- 1,2 g Sal marina fina

Direcciones:

1. Saca un bol y mezcla todos los Ingredientes:hasta que estén bien mezclados.

Sazona con sal antes de refrigerar. Sírvelo frío.

Buñuelos De Calabacín

Ingredientes:

- 125 g de perejil fresco picado
- 2,5 g Sal marina fina
- 2,5 g de pimienta negra
- 2,5 g Pimienta de Jamaica molida
- 30 ml de aceite de oliva
- 2 calabacines pelados y rallados
- 1 cebolla dulce picada fina
- 2 dientes de ajo picados
- 4 huevos grandes

Direcciones:

1. Saca un plato y fórralo con papel de cocina antes de apartarlo.

2. Saque un bol grande y mezcle la cebolla, el perejil, el ajo, el calabacín, la pimienta, la pimienta de Jamaica y la sal marina.
3. Saca otro bol y bate los huevos antes de añadirlos a la mezcla de calabacín. Asegúrate de que se mezcla bien.
4. Saca una sartén grande y ponla a fuego medio. Calienta el aceite de oliva y vierte ¼ de taza a la vez en la sartén para crear los buñuelos.
5. Cocínelos durante tres minutos o hasta que la parte inferior se endurezca. Dale la vuelta y cocina otros tres minutos. Páselos al plato para que escurran. Sírvalos con pan de pita o solos.

58. Hummus Fácil

Ingredientes:

- 5 g de sal marina fina

- 16 onzas de garbanzos en lata, escurridos
- 22g Cucharadas de Tahini
- 3 dientes de ajo machacados
- 15 ml de aceite de oliva
- 62 ml de zumo de limón fresco

Direcciones:

1. Mezcla los garbanzos, el tahini, el ajo, el aceite de oliva, el zumo de limón y la sal marina durante tres o cinco minutos en la batidora.
2. Asegúrate de que esté bien mezclado. Debe quedar esponjoso y suave.
3. Refrigerar durante al menos una hora antes de servir con pan de pita o verduras cortadas.

Batido De Pera Y Mango

Ingredientes:

- 8 onzas de col rizada, cortada
- ½ taza de yogur griego natural
- 1 mango maduro, cortado y despepitado
- ½ mango, deshuesado y cortado
- 2 cubitos de hielo

Direcciones:

1. Ponga la pera, el mango, el yogur y la col en la batidora y hágalos puré. Añadir hielo y batir hasta obtener una mezcla homogénea.
2. Sirva y disfrute.

Batido De Frutas Del Bosque Para El Desayuno

Ingredientes:

- 4 onzas de arándanos o fresas
- 68 cubitos de hielo
- 4 onzas de yogur griego de vainilla desnatado
- 1/4 taza de leche desnatada

Direcciones:
1. Poner el yogur griego, la leche y las bayas en una batidora y batir hasta que las bayas se hayan licuado.
2. Añadir los cubitos de hielo y batir a velocidad alta. Sírvalo inmediatamente.

Tortilla Mediterránea

Ingredientes:

- 30 ml de albahaca fresca picada
- 30 ml de perejil fresco picado
- 2,5 ml de sal
- 2,5 ml de pimienta negra
- 4 huevos grandes, batidos
- 10 ml de aceite de oliva virgen extra
- 1 diente de ajo
- 1/2 pimiento rojo
- 1/2 pimiento amarillo
- 1/4 taza llena de cebolla roja cortada en rodajas finas

Direcciones:

1. En una sartén grande y pesada, poner 5 ml de aceite de oliva a fuego medio. Poner el ajo, los pimientos y la cebolla en la sartén y freír, removiendo con frecuencia, durante 5 minutos.
2. Añadir la albahaca, el perejil, la sal y la pimienta, subir el fuego a medioalto y saltear durante 2 minutos. Pase la mezcla de verduras a un plato y vuelva a poner la sartén al fuego.
3. Precalentar los 5 ml restantes de aceite de oliva en la misma sartén y verter los huevos batidos, inclinando la sartén para cubrirlos uniformemente. cocinar bien los huevos hasta que los bordes estén burbujeantes y todo menos el centro esté seco, de 3 a 5 minutos.
4. Dar la vuelta a la tortilla o utilizar una espátula para darle la vuelta.

5. Verter la mezcla de verduras sobre una mitad de la tortilla y, con una espátula, doblar el lado vacío sobre la parte superior. Deslice la tortilla sobre un plato o una tabla de cortar.
6. Para servir, cortar la tortilla por la mitad y decorar con perejil fresco.

Camarones Griegos Con Tomate Y Queso En Rebanadas

Ingredientes:

- Una pizca de hojuelas de pimiento rojo

- Ajo 6 dientes, picados y divididos

- Aceite de oliva extra virgen 4 cucharadas divididas

- Cebolla roja 1, picada

- Tomate cortado en dados en lata 1 (26 oz.), parte del líquido escurrido

- Jugo de ½ limón

- Hojas de menta fresca picadas 1 puñado

- Hojas de perejil fresco picado 1 puñado

- Camarones grandes 1 ½ lb. pelados, desvenados y secados con palmaditas

- Sal y pimienta negra

- Orégano seco 1 ½ cdta. dividida

- Hierba de eneldo seca 1 ½ cdta. dividida

- Queso feta griego desmenuzado 2 a 3 oz.

- Aceitunas Kalamata sin hueso 6 o más, picadas

Direcciones:

1. Sazone los camarones con ½ cdta. de ajo, hojuelas de pimiento rojo, ½ cdta. de hierba de eneldo seca, ½ cdta. de orégano seco, sal y pimienta.
2. Rocíe con 2 cucharadas de aceite y revuelva para cubrir. Deje a un lado.
3. Caliente 2 cucharadas de aceite en una sartén.

4. Agregue el resto del ajo y la cebolla picada. Saltee hasta que esté fragante.
5. Agregue el jugo de limón, los tomates, el orégano seco restante, el eneldo, la sal y la pimienta.
6. Deje hervir, luego baje el fuego y cocine a fuego lento por 15 minutos.
7. Ahora agregue los camarones y cocine hasta que estén rosados, de 5 a 7 minutos.
8. Añada el perejil y la menta.
9. Espolvorear con aceitunas negras y queso en rebanadas.

Estofado De Cordero Marroquí

Ingredientes:

- Laurel 1

- Pimienta inglesa molida 1 ½ tsp.

- 1 cdta. de mezcla de especias marroquíes (ras el hanout)

- Jengibre molido ½ tsp.

- Tomates ciruela 6, de lata, cortados por la mitad

- Caldo de res bajo en sodio 2 tazas ½

- Garbanzos 1 lata (15 onzas)

- Aceite de oliva extra virgen 2 cucharadas y más si es necesario

- Cebolla amarilla 1, picada

- Zanahorias 3, en cubos
- Papas pequeñas 6, peladas y cortadas en cubos
- Pierna de cordero deshuesada 2.5 lb. cortada en cubos
- Ajo 3 dientes, picados
- Albaricoques secos ½ taza
- Canela 1 barra

Direcciones:
1. Calentar 2 cucharadas de aceite de oliva en una olla holandesa.
2. Agregue las papas, zanahorias y cebollas, y saltee de 4 a 5 minutos.
3. Sazonar con sal y pimienta y añadir el ajo.
4. Retirar la mezcla de la olla y reservar.

5. Añada más aceite si es necesario y dore el cordero por todos los lados. Sazone con sal y pimienta.
6. Vuelva a colocar las verduras en la olla.
7. Agregue especias, laurel, canela y albaricoques. Mezclar.
8. Añadir el caldo y los tomates ciruela, hervir durante 5 minutos.
9. Cubra la olla y cocine por 1 hora en un horno a 350F. Compruebe después de 1 hora si la mezcla necesita más caldo o agua.
10. Agregue los garbanzos y cocine en el horno por 30 minutos.
11. Retirar del horno y servir.

Salmón Mediterráneo Ennegrecido Con Salsa

Ingredientes:

- Chalote 1, picado
- Hojas de menta fresca 10 a 15, picadas
- Perejil fresco 1 puñado, picado
- Sal y pimienta
- Jugo de ½ limón
- Tomates cherry 2 tazas, picados
- Semillas de 1 granada grande
- Pimiento morrón ½, picado
- Aceite de oliva extra virgen 1 cda.

Para el salmón

- Pimiento de Alepo ½ tsp.

- Ajo en polvo ½ tsp.

- Pimienta de Cayena ½ tsp.

- Filete de salmón con piel 1 ½ lb.

- 1 cdta. de comino molido

- 1 cdta. de cilantro molido

- Pimentón dulce de espinaca ¾ tsp.

- Sal y pimienta

- Aceite de oliva extra virgen según la necesidad

Direcciones:
1. Para hacer la salsa: combine los Ingredientes:de la salsa en un tazón. Mezclar y reservar.
2. Coloque la rejilla del horno aproximadamente 6 pulgadas debajo del elemento de la parrilla y precaliente la parrilla.

3. En un recipiente, mezcle todas las especias.
4. Sazone el salmón con sal y pimienta.
5. Luego frote la carne con la mezcla de especias.
6. Engrase una bandeja y coloque el salmón.
7. Ase el salmón por aproximadamente 5 minutos en el horno o hasta que el salmón alcance los 115 a 125F.
8. Si el salmón no está lo suficientemente cocido, hornee el salmón a 425°F durante 1 a 2 minutos.
9. Mientras tanto, ase las mitades de limón en una sartén hasta que estén doradas.
10. Sirva el salmón con la salsa. Rocíe el jugo de limón encima.

Ensalada De Remolacha Con Camarones

Ingredientes:

- ½ c. de hinojo en rodajas finas

- ½ c. de La cebada cocida

- 4 onzas de Camarones cocidos, pelados (frescos o congelados y descongelados)

- 2 cucharadas de aceite de oliva extra virgen

- 1 cucharada de Vinagre de vino (rojo o blanco, su preferencia)

- ½ cucharadita de mostaza (preferiblemente Dijon)

- ½ cucharadita de chalota picada

- ¼ de cucharadita de pimienta molida

- 1/8 de cucharadita de sal

- 2 c. De Rúcula

- 1 c. De berro

- 1 c. De Cuñas de remolacha cocidas (que generalmente se encuentran con otras verduras preparadas en el area de productos de su supermercado)

- ½ c. De Cintas de calabacín (vea el paso 1 para la preparación)

Direcciones:
1. Para hacer cintas de calabacín, use un pelador de verduras para cortar un calabacín entero a lo largo y delgado.
2. En un plato, coloque el berro, los gajos de remolacha, la rúcula, las cintas de calabacín, el hinojo, el camarón y la cebada.
3. Agregue los siguientes Ingredientes:a un tazón o botella pequeña: sal, pimienta, mostaza, chalote picado, aceite de oliva y

vinagre de vino. Combine con un batidor en un tazón o agite en una botella cerrada hasta que esté bien mezclado.
4. Rociar aderezo sobre la ensalada y a disfrutar!

Sándwich Italiano Con Vegetales

Ingredientes:

- 1 tomate roma, cortado en cubitos

- 1 cucharada de aceite de oliva extra virgen

- 2 cucharadas de vinagre balsámico

- 1 cucharadita de orégano

- 1 baguette, aproximadamente de 20 "de largo, grano entero si es posible

- 2 rebanadas de queso provolone, cortado por la mitad

- 2 c. de lechuga romana, desmenuzada

- ¼ c. De Cebolla roja, en rodajas finas, anillos separados.

- 1 lata de corazones de alcachofas, enjuagados, rebanados

- ¼ c. de pepperoncini (opcional, para especias)

Direcciones:

1. Coloque los aros de cebolla en un recipiente con agua fría y déjelos a un lado mientras prepara el resto del sándwich.
2. En un tazón mediano, coloque los siguientes Ingredientes:tomate, corazones de alcachofa, orégano, aceite, vinagre.
3. Corte la barra de pan en cuatro porciones equivalentes, luego divídalos horizontalmente. Saque alrededor de la mitad de los pedazos de pan.
4. Escurrir las cebollas del agua y secar.
5. Para el ensamblaje de sándwich: coloque una media rebanada de queso en la mitad inferior de una porción de baguette, luego cubra con ¼ de la mezcla de tomate y alcachofa.

Coloque ¼ de la lechuga y la pepperoncini encima, luego coloque la mitad superior de la baguette sobre el sándwich.
6. Servir inmediatamente después de ensamblar. ¡A Disfrutar!

Pasta De Tomate Y Queso Ricotta Entero

Ingredientes:

- 2 c de hojas frescas de espinacas

- 1/3 c. De albahaca fresca, en rodajas

- ½ taza de queso parmesano, rallado

- 1 taza de queso ricotta

- 8 onzas de pasta corta integral (como macarrones de codo, conchas medianas o mariposas)

- 1/3 de taza de aceite de oliva extra virgen

- 3 dientes de ajo, finamente picados

- 8 a 10 tomates del tamaño de un cóctel, cortados en cuartos

- Sal y pimienta molida, tanto como se desee.

Direcciones:

1. Cocine la pasta en agua hirviendo durante aproximadamente 1 minuto menos que las Direcciones: del paquete, por lo que la pasta es "al dente".
2. Escurrir, pero primero reservar ¼ c. de pasta de agua.
3. Coloque una sartén grande para saltear en una estufa. Poner a fuego medio y calentar el aceite.
4. Añadir el ajo, luego bajar el fuego un poco más. Revuelva y cocine el ajo durante cinco minutos, observando para asegurarse de que no se queme, luego agregue los tomates.
5. Espolvoree pimienta y sal si lo desea. Cocine unos 23 minutos adicionales hasta que los tomates estén calientes.
6. En la sartén con los tomates y el ajo, agregue la pasta cocida y las espinacas.

7. Use pinzas o una cuchara grande para tirar hasta que la espinaca comience a marchitarse suavemente. Luego incluya la albahaca, el queso parmesano y más sal y pimienta si lo desea.
8. Agregue un poco de agua de la pasta (12 cucharadas) o más aceite de oliva si la pasta parece estar seca en este punto.
9. Rematar la pasta dejando caer cucharadas de queso ricotta encima y servir. ¡A Disfrutar!

Pizza De Carne

Ingredientes:

Para la corteza:

- 1 cucharadita de sal.

- 2 cucharadas de aceite de oliva.

- 1 taza de agua caliente.

- 3 tazas de harina de uso general.

- 1 cucharada de azúcar.

- 2¼ cucharaditas de levadura seca activa.

Para la cobertura:

- Sal y pimienta negra molida, según sea necesario.

- ¼ de taza de agua.

- 1 taza de espinacas frescas picadas.

- 8 onzas de corazones de alcachofa, cortados en cuartos.

- 4 onzas de champiñones frescos, cortados en rodajas.

- 1 libra de carne molida.

- 1 cebolla mediana picada.

- 2 cucharadas de pasta de tomate.

- 1 cucharada de comino molido.

- 2 tomates picados.

- 4 onzas de queso feta, desmenuzado.

Direcciones:
1. Para la corteza: en el bol de una batidora con gancho de amasar, añadir la harina, el azúcar, la levadura y la sal.

2. Añadir 2 cucharadas de aceite y agua caliente y amasar hasta que se forme una masa suave y elástica.
3. Hacer una bola con la masa y dejarla reposar unos 15 minutos.
4. Colocar la masa en una superficie ligeramente enharinada y formar un círculo con ella.
5. Coloque la masa en un molde redondo para pizza ligeramente engrasado y, con cuidado, presione para que encaje.
6. Déjelo reposar durante unos 1015 minutos.
7. Cubrir la corteza con un poco de aceite.
8. Precaliente el horno a 400°F.
9. Para la cobertura: calentar una sartén antiadherente a fuego medioalto y cocinar la carne durante unos 45 minutos.
10. Añadir la cebolla y cocinar durante unos 5 minutos, removiendo con frecuencia.

11. Añade la pasta de tomate, el comino, la sal, la pimienta negra y el agua y remueve para combinar.
12. Reduzca el fuego a medio y cocine durante unos 510 minutos.
13. Retirar del fuego y reservar.
14. Coloque la mezcla de carne sobre la masa de la pizza y cubra con las espinacas, seguidas de las alcachofas, los champiñones, los tomates y el queso Feta.
15. Hornear durante unos 2530 minutos o hasta que el queso se derrita.
16. Retirar del horno y dejar reposar unos 35 minutos antes de cortar.
17. Cortar en rodajas del tamaño deseado y servir.

Albóndigas De Ternera Y Bulgur

Ingredientes:

- ½ cucharadita de pimienta de Jamaica molida.

- ½ cucharadita de comino molido.

- ½ cucharadita de canela molida.

- ¼ de cucharadita de copos de pimienta roja, triturados.

- Sal, según sea necesario.

- ¾ de taza de bulgur sin cocer.

- 1 libra de carne molida.

- ¼ de taza de chalotas, picadas.

- ¼ de taza de perejil fresco, picado.

- 1 cucharada de aceite de oliva.

Direcciones:

1. En un recipiente grande con agua fría, remojar el bulgur durante unos 30 minutos.
2. Escurrir bien el bulgur y luego, apretar con las manos para eliminar el exceso de agua.
3. En un procesador de alimentos, añada el bulgur, la carne, la chalota, el perejil, las especias y la sal y pulse hasta que se forme una mezcla homogénea.
4. Pasar la mezcla a un bol y refrigerar, tapada, durante unos 30 minutos.
5. Sacar de la nevera y hacer bolas del mismo tamaño con la mezcla de carne.
6. En una sartén grande antiadherente, calentar el aceite a fuego medioalto y cocinar las albóndigas en 2 tandas durante unos 1314 minutos, dándoles la vuelta con frecuencia. Servir caliente.

Sabrosa Carne Y Brócoli

Ingredientes:

- 1 cucharada de aceite de oliva.
- 1 cucharada de salsa Tamari.
- 1 taza de caldo de carne.
- 1 y ½ libras de filete de flanco, cortado en tiras finas.
- 1 libra de brócoli, con los floretes separados.

Direcciones:

1. En un bol, mezclar las tiras de filete con el aceite y el tamari, mezclar y dejar reposar durante 10 minutos.
2. Ponga su olla instantánea en modo saltear, añada las tiras de carne y dórelas durante 4 minutos por cada lado.

3. Añadir el caldo, remover, tapar de nuevo la olla y cocinar a fuego alto durante 8 minutos.
4. Añade el brócoli, remueve, vuelve a tapar la olla y cocina a fuego alto durante 4 minutos más.
5. Repartir todo entre los platos y servir.
6. Que lo disfrutes.

Salmón A La Plancha Con Verduras

Ingredientes:

- 2 pimientos
- 1 cebolla
- Aceite de oliva al gusto
- 4 filetes de salmón
- 2 calabacines
- Sal y pimienta para probar.

Direcciones:

1. Enciende la parrilla y calentala. Cortar en rodajas finas los calabacines y los pimientos, luego cortar también la cebolla.
2. Cepille ligeramente los filetes de salmón con aceite de oliva, luego agregue sal y pimienta al gusto.

3. Coloque los filetes de salmón en la parrilla, luego cocine durante unos 45 minutos por cada lado, saltándolos suavemente con una espátula.
4. Agregue las verduras a la parrilla y cocine durante 4 a 5 minutos, volteando ocasionalmente. Escurrir el salmón y las verduras, luego servir caliente.

Gambas A La Catalana

Ingredientes:

- 1 diente de ajo
- 4 cucharadas de aceite de oliva virgen extra
- 2 cucharadas de vinagre de vino blanco
- Sal y pimienta para probar
- 12 langostinos
- 2 tomates maduros
- 1 cebolla roja
- 1 pimiento rojo
- 1 pimiento verde
- Perejil picado al gusto.

Direcciones:

1. Limpiar las gambas y reservar. Cortar en dados los tomates, la cebolla, los pimientos y el ajo.
2. En una sartén, calentar el aceite y sofreír la cebolla y el ajo hasta que estén dorados.
3. Agregue los pimientos y los tomates y cocine durante unos 5 minutos a fuego medio.
4. Agregue las gambas, el vinagre, la sal y la pimienta y cocine durante unos 5 minutos.
5. Servir con un poco de perejil picado por encima.

Brema Al Horno Con Patatas Y Tomates

Ingredientes:

- 2 dientes de ajo
- aceite de oliva virgen extra al gusto

- Sal y pimienta para probar

- Romero al gusto

- 4 besugos de 300 g cada uno

- 4 papas

- 1 kg de tomates cherry

- 1 limón

Direcciones:

1. Limpiar la dorada y reservar. Lava las patatas, peladas y córtalas en rodajas finas. Cortar los tomates cherry por la mitad.
2. una fuente de horno y coloca en el centro los besugos, rodearlos con las patatas y los tomates cherry. Picar finamente el ajo y el romero y extender la mezcla en la bandeja.
3. Añadir sal, pimienta, aceite de oliva virgen extra y el zumo de medio limón.

4. Hornear en horno precalentado a 180°C durante unos 40 minutos o hasta que el pescado esté cocido. Servir con el jugo de limón restante.

Ensalada Mediterránea Crocante

Ingredientes:

- 1 taza de tomates cortados en cuadraditos
- 1 taza de kale
- ½ taza de cebolla picada
- 2 cucharadas de aceitunas
- 3 cucharadas de vinagre roja
- 1 diente de ajo picado
- 1 lata de garbanzos pequeña drenada, sin el jugo
- 1 pepino cortado en cuadraditos
- 1 taza de brócoli
- 1 cucharada de perejil picado

Direcciones:

1. Combinar todos los Ingredientes:en un recipiente.
2. Mezclar bien
3. Poner en el refrigerador por 1 hora antes de servir

Ensalada De Pollo Mediterránea

Ingredientes:

- ½ ají verde o rojo
- 4 tazas de lechuga lavada y cortada
- ¼ taza de queso parmesano
- 2 pechugas de pollo
- 4 cucharadas de aceite de olive
- 2 cucharadas de aceitunas

Direcciones:

1. Cocine las pechugas de pollo en el horno a gusto preferentemente el día anterior o unas horas antes de servir
2. Cuando el pollo esté listo corte las pechugas en tiritas.

3. En una ensaladera vierta todos los Ingredientes:y mezcle bien.

Ensalada De Garbanzos

Ingredientes:

- ½ lata de garbanzos sin el agua
- 2 cucharadas de perejil picado
- 1 cucharada de jugo de limón
- 1 cucharada de aceite de oliva
- 5 tomates cherry cortados por la mitad
- 1 zapallo largo cortado en cuadraditos
- Un puñado de aceitunas
- 3 hojas de lechuga cortadas para ensalada

Direcciones:
1. Combine todos los Ingredientes:en una fuente y mezcle bien.

Dip De Ricota Con Pita Y Pasas

Ingredientes:

- Un tercio de taza de queso ricota, sin grasa
- 1 cucharada de mantequilla de maní
- 1 pieza 6 pita de 1/2 pulgada de trigo integral
- 1 cucharada de miel

Direcciones:

1. Mezclar el queso con la miel y la mantequilla de maní hasta combinar.
2. Rellenar la pita con la mezcla de queso.
3. Agregar las pasas a la mezcla de pita.

Panqueques Con Ricota Cremosa

Ingredientes:

- 1 cucharada de jarabe de arce ligero
- 2 cucharadas de jarabe de arce ligero, para lloviznar
- 1 taza de leche descremada
- 1 porción de panqueques esponjosos (sobras del Desayuno del Día 1)
- Un tercio de taza de queso ricota sin grasa
- 1 naranja pequeña

Direcciones:
1. Mezclar el queso con una cucharada de jarabe de arce ligero. Cubra los panqueques con un aderezo de ricota cremosa entre cada panqueque.

2. Cuando los panqueques estén en capas, rocíe la parte superior con jarabe de arce ligero.
3. Sirva con 1 taza de leche y 1 naranja pequeña.

Pan De Trigo Tostado Y Huevos Revueltos Occidentales

Ingredientes:

- Un cuarto de taza de cebolla, picada
- Pimienta, al gusto
- 1 rebanada de pan, integral, tostado
- 2 cucharaditas de margarina, libre de grasas trans
- 2 claras de huevo MÁS 1 huevo, O un sustituto de huevo de una cuarta taza
- 1/2 de pimiento de cualquier color, picado
- 1 taza de leche descremada

Direcciones:

1. Revuelva el huevo y la clara de huevo o el sustituto de huevo con el resto de los ingredientes.
2. Sirva el revoltillo con la margarina libre de grasas trans y la leche y el trigo integral tostado.

Albaricoques Salteados

Ingredientes:

- 2,5 g Sal marina fina
- 1,2 g de copos de pimiento rojo
- 1,2 g Canela molida
- 30 ml de aceite de oliva
- 125 g de almendras peladas, sin piel y sin sal
- 62 g Albaricoques secos y picados

Direcciones:

1. Ponga una sartén a fuego fuerte y añada las almendras, la sal y el aceite de oliva. Saltear hasta que las almendras adquieran un color dorado claro, lo que llevará de cinco a diez minutos. Hay que removerlas a menudo porque se queman con facilidad.

2. Coloque las almendras en una fuente y añada la canela, las hojuelas de pimiento rojo y el albaricoque picado.
3. Dejar enfriar antes de servir.

Chips De Col Rizada Con Especias

Ingredientes:

- 2,5 g de chile en polvo
- 1,2 g Sal marina fina
- 15 ml de aceite de oliva
- 375 g de col rizada, sin tallo, lavada y cortada en trozos de 5 cm

Direcciones:

1. Calienta el horno a 300 °C y saca dos bandejas para hornear. Forra cada bandeja con papel de hornear antes de colocarlas a un lado.
2. Seque completamente la col rizada antes de colocarla en un bol y añádale el aceite de oliva. Asegúrate de que la col rizada está bien cubierta antes de sazonarla.
3. Extienda su col rizada en sus bandejas para hornear en una sola capa, y hornee durante

veinticinco minutos. Su col rizada necesitará asado a mitad de camino, y debe salir seco y crujiente.
4. Deje que se enfríen durante al menos cinco minutos antes de servir.

Carne Y Cebolla Crock Pot

Ingredientes:

- 23 dientes de ajo pelados y enteros
- 45 g. de pasta de tomate, disueltos en 62 ml de caldo de pollo
- 2 hojas de laurel
- 60 ml. de vinagre de vino tinto
- 2 libras de carne de vacuno magra, cortada en dados
- 2 libras de chalotas peladas
- 5 g de sal

Direcciones:
1. Mezcle todos los Ingredientes:en una olla de cocción lenta. Tapa y cocina a fuego bajo entre 7 y 9 horas.

Parfait De Avena Y Fruta

Ingredientes:

- 5 ml de miel
- 8 onzas de fresas frescas cortadas en rodajas
- 14 onzas (12 oz) de yogur griego de vainilla bajo en grasa
- 4 g de avena integral
- 4 onzas de nueces picadas
- Hojas de menta fresca para decorar

Direcciones:
1. Precalentar el horno a 300°F.
2. Extender la avena y los frutos secos en una sola capa sobre una bandeja o papel de horno.

3. Tostar la avena y las nueces hasta que se perciba el olor de las nueces, de 10 a 12 minutos. Retira la bandeja del horno y reserva.
4. En un bol pequeño o un plato apto para microondas, precalienta la miel hasta que esté tibia, unos 30 segundos. Pon las fresas y remueve bien para cubrirlas.
5. Colocar 15 ml de fresas en el fondo de cada uno de los 2 platos de postre o vasos de 8 oz. Colocar una porción de yogur y luego una porción de avena y repetir las capas hasta llenar los recipientes, terminando con las bayas. Servir.

Tortilla De Espinacas

Ingredientes:

- 16 onzas de espinacas picadas.

- 15 ml de aceite de oliva

- ½ cucharadita de copos de guindilla

- 100 g de queso feta desmenuzado.

- ¼ taza de aceitunas Kalamata deshuesadas y picadas.

- Ocho huevos batidos.

- ¼ taza de yogur desnatado

Direcciones:

1. Untar la sartén con aceite de oliva. A continuación, mezcle todos los Ingredientes:restantes en el bol o plato y

viértalos en la sartén. Cocine la tortilla durante 20 minutos a 355 °F.
2. Sirva y disfrute.

Lucha En El Jardín

Ingredientes:

- 1/4 taza llena de cebolla blanca dulce picada
- 6 tomates cherry cortados por la mitad
- 15 ml de albahaca fresca picada
- 15 ml de perejil fresco picado
- 2,5 ml de sal
- 1/4 cucharadita de pimienta negra
- 5 ml de aceite de oliva virgen extra
- 4 onzas de calabaza amarilla cortada en trozos
- 4 onzas de pimiento verde picado
- 8 huevos grandes, batidos

Direcciones:

1. En una sartén antiadherente grande, poner el aceite de oliva a fuego medio. Poner la calabaza, el pimiento y la cebolla y freír durante 4 minutos.
2. Añadir los tomates, la albahaca y el perejil y sazonar. Fríe durante 1 minuto y vierte los huevos batidos sobre las verduras. Cerrar y reducir el precalentamiento a bajo.
3. Cocer bien durante 6 minutos, asegurándose de que el centro ya no esté líquido.
4. Para servir, pasar la tortilla a un plato y cortarla en porciones.

Pavo Asado Con Ajo Y Hierbas

Ingredientes:

- Pimienta negra molida 1 cdta.

- Nuez moscada ½ tsp.

- Ajo 1 cabeza, picado

- Perejil fresco picado 1 puñado

- Aceite de oliva extra virgen ½ taza y más

- Pechuga de pavo con hueso 2 ½ lb.

- Sal al gusto

- 1 cdta. de pimienta inglesa molida

- Pimentón 1 cdta.

- Chalotes pequeños 7 a 8, cortados por la mitad

- Apio 7 palitos, picados

Para las uvas

- Uvas rojas sin semilla 1 lb.

- Aceite de oliva extra virgen según necesidad

- Sal al gusto

Direcciones:
1. Sazone el pavo con sal y pimienta por ambos lados, incluso debajo de la piel.
2. Precaliente el horno a 450F.
3. Agregue las uvas a una bandeja para hornear.
4. Rocíe con un poco de aceite y sazone con sal.
5. Asar en el horno durante 15 minutos. Luego, coloque a un lado en un tazón.
6. Mezcle las especias en un tazón. Sazone el pavo con la mezcla de especias, incluso debajo de la piel.
7. En un recipiente grande, combine ½ taza de aceite de oliva, ajo y perejil.

8. Agregue el pavo en el tazón y cubra bien. También, aplique la mezcla debajo de la piel.
9. Añada el apio y los chalotes a la sartén anterior. Rocíe con aceite de oliva y sazone con sal.
10. Coloque la pechuga de pavo encima.
11. Coloque la rejilla del horno en el tercio inferior del horno precalentado. Coloque la sartén con el pavo.
12. Ase a 350°F hasta que el pavo alcance los 165°F, aproximadamente 45 minutos.
13. Revise el pavo después de 30 minutos. Si está oscureciendo demasiado, cúbralo con papel de aluminio y continúe asando.
14. Añada las uvas de nuevo en los últimos 5 minutos de tostado.
15. Retire el pavo del horno y deje reposar durante 20 minutos.

Verduras Asadas Griegas

Ingredientes:

- 1 cdta. de romero seco

- Perejil picado ½ taza

- Ajo 4 dientes, picados

- Aceite de oliva extra virgen

- Tomates cortados en dados y enlatados con jugo 1 lata (28oz.)

- Patatas doradas 1 ¼ lb. peladas y cortadas en rodajas finas

- Zucchini 1 ¼ lb. en rodajas finas

- Sal y pimienta

- Orégano seco 2 cdtas.

- Cebolla roja grande 1, cortada en rodajas finas

Direcciones:

1. Coloque una rejilla en el centro y precaliente el horno a 400F.
2. En un recipiente, coloque los calabacines y las papas rebanadas. Sazone con romero, orégano, sal y pimienta.
3. Agregue una llovizna generosa de aceite de oliva, perejil y ajo. Revuelva para cubrir bien.
4. Vierta ½ de los tomates en dados enlatados en una sartén grande. Extienda para cubrir el fondo.
5. Coloque los calabacines cubiertos, las papas y las cebollas rebanadas en la sartén (sobre los tomates).
6. Cubra con el resto de los tomates cortados en cubitos de la lata.
7. Cubra la sartén con papel de aluminio y hornee en el horno durante 45 minutos a 400°F.

8. Luego retire el papel de aluminio y ase sin tapar hasta que los vegetales estén cocidos, aproximadamente de 30 a 40 minutos.
9. Sacar del horno, enfriar y servir.

Pollo Marroquí

Ingredientes:

Para el aliño de especias

- Pimentón dulce 1 cdta.

- 1 cdta. de jengibre molido

- Pimienta negra ½ hasta 1 cdta.

- Ras El Hanout natural 1 ½ tbsp.

- Canela molida 1 ½ cdta.

Para el pollo

- Ajo 4 dientes, picados

- Cilantro fresco picado 1 oz.

- Limón 1 rebanada fina

- Aceitunas verdes sin hueso ¾ de taza

- Pasas ¼ de taza

- Albaricoques secos picados ¼ de taza

- Pollo entero 3 ½ lb. cortado en 7 a 8 piezas

- sal kosher

- Aceite de oliva extra virgen 2 cucharadas y más si es necesario

- Cebolla amarilla 1, picada

- Pasta de tomate 3 cdas.

- Caldo de pollo bajomedio 1 ½ taza

- Almendras tostadas en rodajas

Direcciones:

1. Combine el Hanout y el resto de las especias para hacer un masaje.
2. Sazone los trozos de pollo con sal y frótelos con la mezcla de especias. Recuerde frotar

debajo de la piel. Tape y deje marinar por 2 horas o toda la noche en el refrigerador.
3. Caliente 2 cucharadas de aceite de oliva en una sartén de 12 pulgadas de profundidad.
4. Agregue el pollo (con la piel hacia abajo) y dore por 5 minutos. Luego voltee y dore el otro lado durante 5 minutos.
5. Baje el fuego y agregue el cilantro, el ajo y las cebollas. Tape y cocine por 3 minutos.
6. Luego agregue los albaricoques secos, las pasas, las aceitunas y las rodajas de limón.
7. Mezcle el caldo de pollo y la pasta de tomate en un tazón, luego vierta la mezcla encima del pollo.
8. Aumente la temperatura y cocine a fuego lento por 5 minutos. Luego tape y cocine a fuego mediobajo hasta que el pollo esté tierno y bien cocido, aproximadamente de 30 a 45 minutos.

9. Adorne con almendras tostadas y cilantro fresco.
10. Servir.

Salmón Especiado Con Quinua Vegetal

Ingredientes:

- ¼ c. De cebolla roja, picada
- 4 hojas frescas de albahaca, cortadas en rodajas finas
- Cáscara de un limón
- ¼ cucharadita de pimienta negra
- 1 cucharadita de comino
- ½ cucharadita de pimentón
- 4 filetes de salmón (5 onzas)
- 8 limones
- 1 c. De quinua sin cocer
- 1 cucharadita de sal, dividida por la mitad

- ¾ c. de pepinos, con las semillas removidas, cortadas en cubitos

- 1 c. de tomates cherry, cortados a la mitad

- ¼ c. De perejil fresco, picado

Direcciones:

1. En una cacerola mediana, agregue la quinua, 2 tazas de agua y ½ cucharadita. de la sal. Caliéntelos hasta que el agua hierva, luego baje la temperatura hasta que hierva a fuego lento. Cubra la sartén y deje que se cocine por 20 minutos o el tiempo que indique el paquete de quinua.
2. Apague la hornilla debajo de la quinua y deje que se asiente, cubrala, durante al menos otros 5 minutos antes de servir.
3. Justo antes de servir, agregue la cebolla, los tomates, los pepinos, las hojas de albahaca y la ralladura de limón a la quinua y use una cuchara para mezclar todo suavemente.

4. Mientras tanto (mientras se cocina la quinua), prepare el salmón. Encienda el asador del horno a alto y asegúrese de que haya una rejilla en la parte inferior del horno.
5. A un tazón pequeño, agregue los siguientes Ingredientes:pimienta negra, ½ cucharadita de la sal, el comino y el pimentón. Revuélvalos juntos.
6. Coloque papel de aluminio sobre la parte superior de una bandeja para hornear de vidrio o aluminio, luego rocíe con aceite en aerosol antiadherente.
7. Coloque los filetes de salmón en el papel de aluminio. Frote la mezcla de especias sobre la superficie de cada filete (aproximadamente ½ cucharadita de la mezcla de especias por filete).
8. Agregue los limones a los bordes de la sartén cerca del salmón.

9. Cocine el salmón bajo la parrilla durante 810 minutos. Tu objetivo es que el salmón se deshaga fácilmente con un tenedor.
10. Espolvoree el salmón con el perejil, luego sírvalo con los limones y el perejil vegetal. ¡A Disfrutar!

Kofta De Carne De Cordero Con Garbanzos Y Naan

Ingredientes:

Para la Kofta

- ½ cucharadita de pimienta negra

- 1 libra de cordero molido (solicite el cordero magro molido para minimizar la grasa saturada; puede sustituir con la carne molida magra)

- Aceite en aerosol antiadherente

- Brochetas para cocinar la carne

- 3 T. de cebolla roja, finamente picada

- 3 T. de hierbas italianas frescas mezcladas (como perejil, menta y cilantro), finamente picadas

- 3 dientes de ajo picados

- 1 ¼ de cucharadita de sal

- 1 cucharadita de comino

- Cucharadita de pimentón

Para la salsa

- ½ c. yogur natural sin grasa

- 1 cucharadita de Hierbas italianas frescas mezcladas, finamente picadas

- 2 cucharaditas de jugo de limón fresco

- Pizca de sal

Para los garbanzos

- 1 cucharadita de pasta de harissa (salsa picante del norte de África, que se encuentra en la sección mediterránea de las tiendas de comestibles)

- ¾ de cucharadita. de comino molido

- ½ cucharadita. de paprika

- Sal al gusto

- ¼ c. caldo de pollo bajo en sodio

- 1 cucharadita de jugo de limón

- 4 cdas de Aceite de oliva extra virgen, dividido por la mitad.

- 1 cebolla roja picada, picada

- 1 diente de ajo, picado

- 1 lata de garbanzos, enjuagados y escurridos.

- 1 T. de hierbas italianas frescas mezcladas, finamente picadas

Direcciones:

1. Prepare la carne kofta: En un tazón de la batidora, agregue todos los Ingredientes:kofta excepto la carne en sí. Mezclar a baja

velocidad con una cuchilla batidora hasta que se combinen estas partes. Luego incorpore la carne batiéndola hasta que esté bien combinada con las otras partes.Use una envoltura de plástico para cubrir este tazón y refrigérelo hasta que esté listo para cocinar la carne . Mientras tanto, prepare el resto de los platos.

2. Cuando esté listo para cocinar la carne, tome un puñado y forme una forma oblonga , parecida a una salchicha (vea la imagen), luego pásele un pincho. También puede hacer cualquier otra forma que desee con la carne (empanadas, albóndigas, etc.) y no tiene que usar pinchos.

3. Coloque una sartén o plancha grande a fuego mediano y rocíe generosamente con aceite en aerosol antiadherente. Cuando la superficie esté muy caliente, cocine los pinchos de carne durante 3 a 4 minutos por lado, hasta que

estén bien dorados por ambos lados y cocidos a fondo.

4. Prepare la salsa de yogur: En un tazón, coloque yogur, hierbas, jugo de limón y sal. Use un batidor o una cuchara para revolver bien y reservar.

5. Cocine los garbanzos: coloque una sartén grande en la estufa sobre un quemador a fuego medio. Calentar hasta 2 cdas. del aceite, luego cocine las cebollas en el aceite caliente por uno o dos minutos, hasta que se ablanden. Luego incorporar el ajo y saltee por otros treinta segundos.

6. A continuación, agregue el harissa, los garbanzos, la paprika, el comino, la sal y el caldo de pollo. Aumente el calor debajo de la sartén a alto y cocine mientras revuelve hasta que casi todo el caldo se haya evaporado.

7. Retire la sartén del fuego y agregue el jugo de limón y las hierbas, luego revuelva. Agregue el resto del aceite justo antes de servirlo.
8. Para servir: Divida las albóndigas y los garbanzos en 4 platos.Agregue ¼ de pan plano o pan de trigo integral a cada plato .Servir con salsa de yogur para mojar o rociar sobre albóndigas. ¡A Disfrutar!

Pollo Mediterráneo Con Quinua Preparado En Una Olla De Cocción Lenta

Ingredientes:

- 1 cebolla mediana, picada áspera
- 1 c. De aceitunas Kalamata
- 1 c. De Pimientos rojos en tarro, escurridos, picados
- 2 T. De alcaparras
- Albahaca fresca o tomillo para decorar (opcional)
- 1 taza de quinua cruda
- Aceite en aerosol antiadherente
- 4 pechugas de pollo medianas (sin hueso y sin piel; de aproximadamente 4 oz cada una)

- Sal y pimienta, tanto como se desee.

- 3 cucharaditas de condimento italiano

- 2 cucharadas de jugo de limon

- 1 cucharada de ajo picado

Direcciones:
1. Espolvoree pimienta y sal sobre las pechugas de pollo. Caliente una sartén sobre el quemador de la estufa a fuego medio y cocine el pollo por uno o dos minutos de cada lado, o hasta que se ponga marrón.
2. Rocíe dentro de la olla de cocción lenta con spray antiadherente y coloque las pechugas de pollo doradas.
3. Agregue aceitunas, alcaparras, pimientos rojos y cebolla alrededor de los pechos, no por encima.
4. Dentro de un tazón, coloque los siguientes Ingredientes:jugo de limón, condimento

italiano y ajo. Use un batidor para combinarlos. Vierta esta mezcla sobre los Ingredientes:de la olla de cocción lenta.

5. Cubra la olla de cocción lenta. Cocer a fuego lento durante 4 horas. También puede cocinarlo a fuego alto durante 2 horas.
6. Cuando sea casi la hora de la cena, cocine la quinua según las Direcciones: del paquete.
7. Para servir, divida la quinoa en 4 platos, luego cubra con una pechuga de pollo cada plato.
8. Divida el resto de los Ingredientes:de crockpot entre los 4 platos y sirva. ¡A Disfrutar!

Pasta De Tomate Y Cerdo

Ingredientes:

- Paquete de 810 onzas de pasta de su elección, sin cocinar.
- Sal y pimienta negra al gusto.
- 1 cucharada de aceite vegetal.
- 2 tazas de puré de tomate.
- 1 cucharada de vino tinto.
- 1 libra de carne magra de cerdo molida.

Direcciones:
1. Sazone la carne de cerdo con pimienta negra y sal.
2. Coloque su olla instantánea sobre una plataforma de cocina seca. Abra la tapa superior y enchúfela.

3. Pulse la función de cocción "Sauté"; añada el aceite y caliéntelo.
4. En la olla, agregue la carne molida; revuélvala con una espátula de madera hasta que se dore uniformemente durante 8 a 10 minutos.
5. Añadir el vino. Cocer durante 12 minutos.
6. Añadir los ingredientes; remover suavemente para mezclar bien.
7. Cierre correctamente la tapa superior; asegúrese de que la válvula de seguridad esté bien cerrada.
8. Pulse la función de cocción "Carne/Guisado"; ajuste el nivel de presión a "Alto" y el tiempo de cocción a 6 minutos.
9. Deje que la presión aumente para cocinar los ingredientes.
10. Una vez finalizado el tiempo de cocción, pulse el ajuste "Cancelar". Busque y pulse la función de cocción "NPR". Este ajuste es para la liberación natural de la presión interior, y

tarda unos 10 minutos en liberar lentamente la presión.

11. Abrir lentamente la tapa, sacar la receta cocida en recipientes para servir. Servir caliente.

Cerdo Al Ajo

Ingredientes:

- 2 cucharadas de azúcar moreno.
- 1 taza de caldo de pollo.
- 10 dientes de ajo, finamente picados.
- 2 cucharadas de mantequilla derretida a temperatura ambiente.
- 4 libras de paleta de cerdo, deshuesada y cortada en 3 trozos.
- 2 cucharadas de salsa de soja.

Direcciones:
1. En un bol, mezcle el caldo, la salsa de soja y el azúcar moreno. Añadir el ajo y remover para combinar.

2. Precalienta tu olla instantánea usando la opción de saltear y añade la mantequilla.
3. Cuando se calienta, se añaden los trozos de cerdo y se saltean hasta que se doren por todos los lados.
4. Añadir la mezcla de soja; remover suavemente.
5. Cierre la tapa y cocine a alta presión durante 90 minutos utilizando el ajuste manual.
6. Dejar que la presión se libere de forma natural, unos 10 minutos.
7. Destape la olla instantánea; saque la carne y desmenúcela con un tenedor.
8. Devuelve la carne desmenuzada a la olla instantánea y remueve bien la mezcla.
9. Pasar a los platos y servir.

Chuletas De Cerdo Con Mantequilla

Ingredientes:

- 2 cucharadas de grasa de tocino.

- 4 cucharadas de mantequilla.

- 1 cucharadita de pimienta.

- 4 chuletas de cerdo.

- 1 cucharadita de sal.

Direcciones:

1. Para empezar esta receta, saque las chuletas de cerdo y sazónelas por ambos lados. Si necesitas más de 1 cucharadita de sal y pimienta, siéntete libre de sazonar al gusto.
2. A continuación, vas a querer poner tu sartén a fuego alto y colocar la grasa de tocino y la mantequilla en el fondo.

3. Una vez que la mantequilla se haya derretido y la grasa esté chisporroteando, pon las chuletas de cerdo en la sartén y dóralas por ambos lados durante 34 minutos. Al final, la carne de cerdo debe tener un bonito color dorado.
4. Cuando la carne esté cocida como se desea, retire la sartén del fuego y disfrute de su comida.

Ensalada De Mariscos

Ingredientes:

- 1 cebolla roja

- 1 limón

- Aceite di oliva virgen extra al gusto.

- Sal y pimienta para probar

- 500 g de marisco mixto

- 2 tomates maduros

- Perejil picado al gusto.

Direcciones:

1. Limpiar y enjuagar los mariscos. Cuécelos en una sartén con un chorrito de aceite de oliva virgen extra durante unos minutos hasta que se abran las almejas y los mejillones.

2. Cortar los tomates en cubos y la cebolla en rodajas finas.
3. Mezclar los mariscos con los tomates y la cebolla. Sazone con jugo de limón, aceite de oliva virgen extra, sal y pimienta.
4. Sirve la ensalada de mariscos adornada con perejil picado.

Calamares Rellenos Al Horno

Ingredientes:

- 1 diente de ajo
- 1 ramita de perejil
- 50 g de queso rallado
- Aceite de oliva virgen extra al gusto
- 8 calamares limpios
- 100 g de pan rallado
- 1 huevo
- Sal y pimienta para probar
- 1 limón

Direcciones:

1. Picar finamente el pan rallado, el ajo y el perejil. En un bol mezclar el pan rallado, el huevo, el queso rallado, el ajo y el perejil.
2. Rellenar los calamares con la mezcla obtenida, sin rellenar en exceso.
3. Cierra los calamares con un palillo. Disponer los calamares en una fuente de horno y sazonar con aceite de oliva virgen extra, sal y pimienta.
4. Hornear a 180°C durante unos 2025 minutos. Servir los calamares rellenos con rodajas de limón.

Sardinas A La Plancha Con Verduras

Ingredientes:

- 1 pimiento amarillo

- 1 berenjena
- 1 calabacín
- 1 cebolla
- Aceite de oliva virgen extra
- 8 sardinas frescas, limpias y sin cabeza
- 1 pimiento rojo
- Sal y pimienta para probar.

Direcciones:
1. Cortar en dados todos los pimientos, berenjenas y calabacines, luego picar la cebolla.
2. En una sartén, calentar un chorrito de aceite de oliva virgen extra y dorar las verduras durante unos 57 minutos a fuego medio.
3. Sazone con sal y pimienta al gusto. Mientras tanto, prevalece la parrilla.

4. Pincelar las sardinas con un chorrito de aceite de oliva virgen extra y asarlas durante unos 23 minutos por cada lado.
5. Sirve las sardinas a la plancha acompañadas de verduras salteadas.

Ensalada De Atún

Ingredientes:

- ½ cebolla picada

- 2 dientes de ajo picados

- 1 cucharada de orégano seco

- ½ taza de mayonesa

- 3 cucharadas de jubo de limón

- 4 latas de atún sin el aceite

- 1 lata de corazón de alcachofa drenado

- ½ taza de ají rojo picado

- ¾ taza de aceitunas

- Sal y pimienta a gusto

Direcciones:

1. Combine todos los Ingredientes:y mezcle bien. Puede servirse con pan preparando un sándwich

Hamburguesas Vegetarianas

Ingredientes:

- 1/3 taza de pimiento rojo picado
- ¼ de tazas de aceitunas picadas
- 1/3 taza de avena de cocción rápida
- 3 cucharadas de perejil picado
- 1 taza de papa hervida cortadita en trozos
- 2/3 tazas de garbanzos pisados
- ½ taza de kale picada
- Sal y pimienta a gusto

Direcciones:
1. Cocine la papa en agua hervida hasta que esté blanda. Precalentar el honro a 400 F.
2. En un recipiente combine las papas y todos los ingredientes.

3. Mezcle bien con las manos y arme las hamburguesas
4. Coloque las hamburguesas en una fuente para horno y cocine por unos 20 minutos de ambos lados o a su gusto

Sándwich Tostado De Vegetales

Ingredientes:

- 2 cucharadas de aceite de oliva
- 2 hongos portobello cortado en rodajas
- 3 dientes de ajos picados
- 4 cucharadas de mayonesa
- 1 berenjena cortada en tiritas
- 2 pimientos rojos
- Pan para armar los sándwiches

Direcciones:
1. Precalentar el honro a 400 F (200 C)
2. Coloque en una fuente para horno las berenjenas y los ajíes cortados y rociados con aceite de oliva y cocine por unos 25 minutos

3. En una sartén coloque 1 cucharada de aceite de oliva y sofría los hongos portobello
4. Arme los sándwich con el pan untando las rodajas con mayonesa y el ajo picado.

Cerezas Y Cereales

Ingredientes:

- Media taza de cerezas frescas, deshuesadas (12 piezas)
- 1 palillo de queso
- 100 calorías dignas de su cereal favorito (media taza de cereales de pasas y nueces y 1 taza de cereal de hojuelas llanas)
- 1 taza de leche descremada

Direcciones:
1. Ponga su cereal en un tazón. Vierta la leche y añada las cerezas.
2. Servir con queso.

Batido O Jugo De Jamba

Ingredientes:

- 16 onzas de Enlightened Smoothie o jugo de Jamba

Si no encuentra jugo de Jamba:

- 1/2 cucharadita de vainilla
- 1 taza de leche descremada
- 1 taza de fresas o frambuesas

Direcciones:
1. Disfrute de un batido o jugo de Jamba con queso.

Arándano Y La Mezcla De Queso Ricota

Ingredientes:

- 1 pedazo de pita (6 1/2 pulgadas), trigo entero, cortado en mitades, utilice 1 mitad ahora y guarde la otra mitad para la cena del día 7
- Media taza de queso ricota, libre de grasa
- 1 cucharada de miel
- 3/4 taza de arándanos frescos
- 1 taza de leche descremada

Direcciones:

1. Tueste la mitad de la pita y luego córtela en triángulos o rompa en trozos pequeños para untar.
2. Mezclar los Ingredientes:para untar hasta que estén bien combinados.

3. Sirva el dip con pedazos de pita tostados.
4. Servir con leche.

Crock Pot De Ternera Y Verduras De Raíz

Ingredientes:

- 1 nabo, pelado y cortado en dados
- 1 remolacha, pelada y cortada en dados
- 12 chirivías, cortadas en dados
- 250 ml de caldo de carne
- 15 ml . de pasta de tomate
- 15 ml. de pimentón
- 2 libras de carne para guisar
- 2 zanahorias cortadas
- 2 cebollas en rodajas
- 2 hojas de laurel

Direcciones:

1. Mezcle todos los Ingredientes:en una olla de cocción lenta. Tape y cocine a fuego bajo entre 7 y 9 horas. Servir.

Ternera Mediterránea A Fuego Lento

Ingredientes:

- 1/2 bolsa de guisantes verdes congelados

- 1/2 bolsa de okra congelada

- 1 calabacín pelado y cortado

- 1 berenjena pequeña, pelada y cortada en dados

- 1 tomate cortado en dados

- 30 ml. De pasta o puré de tomate

- 125 ml de caldo de pollo

- 5 g de orégano seco

- 2 lbs. De filete magro, cortado en trozos grandes

- 2 cebollas en rodajas

- 23 dientes de ajo enteros

- 1 pimiento verde cortado

- 1/2 bolsa de judías verdes congeladas

- Sal y pimienta negra, al gusto

Direcciones:

1. Mezcle todos los Ingredientes:en una olla de cocción lenta. Tapa y cocina a fuego bajo entre 7 y 9 horas.

Cordero A Fuego Lento Con Salsa De Vino Tinto

Ingredientes:

- 125 ml de caldo de pollo

- 250 ml de vino tinto seco

- 5 g de azúcar moreno

- 2,5 g de pimienta negra

- 4 piernas de cordero recortadas

- 1 cebolla, cortada en rodajas finas

- 2 zanahorias grandes, cortadas en trozos grandes

- 23 chirivías, cortadas en trozos grandes

- 2,5 g de sal

Direcciones:

1. Rocía la olla de cocción lenta con spray antiadherente. Coloca los jarretes de cordero con todos los demás ingredientes.
2. Tapa y cocina a fuego lento durante 67 horas.

1.

www.ingramcontent.com/pod-product-compliance
Lightning Source LLC
LaVergne TN
LVHW010217070526
838199LV00062B/4637